Petra Bartoli y Eckert

Das traust du dich nie, Jona!

Verlag an der Ruhr

KidS

Impressum

Titel
KidS – Klassenlektüre in drei Stufen
Das traust du dich nie, Jona! – Lesestufe 1

Autorin
Petra Bartoli y Eckert

Titelbildmotiv und Illustrationen
Achim Schulte

Druck
Heenemann GmbH & Co. KG, Berlin, DE

Verlag an der Ruhr
Mülheim an der Ruhr
www.verlagruhr.de

Ab 8 Jahre

© **Verlag an der Ruhr 2013,** Nachdruck 2024
ISBN 978-3-8346-2438-3

Begleitendes Unterrichtsmaterial:
KidS – Literatur-Kartei: „Das traust du dich nie, Jona!"
3-fach differenzierter Lesebegleiter
ISBN 978-3-8346-2441-3

Ein Tag wie jeder andere

Manche Tage beginnen ganz harmlos.
Und dann passiert doch etwas Besonderes.
Dieser Tag begann wie immer:
Mama war schon ins Büro gegangen.
5 Jona und sein älterer Bruder Paul
frühstückten alleine.
Und wie jeden Morgen machte sich
Paul über Jona lustig.

Das traust
du dich nie,
Jona!

3

Paul lachte: „Wieso hast du dich gestern
nicht getraut, mit Papa und mir klettern
zu gehen? Du bist ein echter Feigling!"
„Das stimmt nicht", rief Jona.
5 Er merkte, wie er wütend wurde.
Jona murmelte: „Ich bin kein Feigling.
Ich will nur nicht klettern!"
Das Klettern war Papas Idee gewesen.

Jonas und Pauls Eltern waren geschieden.
10 Papa unternahm jedes zweite Wochenende
etwas mit den Jungen.
Gestern waren sie im Kletterpark gewesen.
Die Kletterseile hingen schrecklich
hoch oben.
15 Papa redete Jona gut zu: „Na komm,
trau dich." Trotzdem traute sich Jona
einfach nicht. Paul hatte Jona ausgelacht.
Dann waren Papa und Paul
ohne ihn geklettert.

Jona fand, dass sich Papa immer
viel zu gefährliche Sachen überlegte.
Einmal wollte er sogar im See
am Buchenwald schwimmen gehen.
5 Aber Jona hatte Angst.
Denn Paul hatte gesagt: „In dem See
gibt es bestimmt Monsterfische."

Das traust 5
du dich nie,
Jona!

Jetzt beim Frühstück grinste Paul:
„Hat der kleine Jona beim Klettern
Angst bekommen?
Vor den gefährlichen Bäumen?"
5 Jona hörte einfach nicht hin.
Er hatte in seinem Kopf so eine Art
Rollladen. Den ließ er runter,
wenn Paul ihn ärgerte.

Lieber dachte er dann an etwas Schönes.
10 Zum Beispiel an seine Aufkleber.
Die sammelte Jona. Und er tauschte sie
mit seiner Freundin Meike.
Mit Meike spielte er auch Fußball.
Jona war ein super Torwart.
15 Im Fußballspielen war er viel besser
als Paul!

Dafür war Paul aber unheimlich mutig.
Er hatte Jona sogar einmal beschützt,
vor den Jungs aus der 4b.
Jona murmelte: „Ich wär auch gern
5 so mutig."
Paul spottete: „Hast du was gesagt?
Oder führst du Selbstgespräche?"

Paul kicherte. Er stand auf
und verließ die Küche. Jona hörte,
wie die Wohnungstür ins Schloss fiel.
Also ging Paul ohne ihn zur Schule,
5 obwohl sie den gleichen Weg hatten.
Das war ja klar!
Jona seufzte. Jetzt musste er sich beeilen!

Jona schnappte sich seine Schultasche.
Schnell rannte er aus dem Haus.
10 Er musste pünktlich in der Schule sein.
Jona wollte keinen Ärger
mit Frau Weidlich, seiner Lehrerin.
Die konnte nämlich ziemlich
wütend werden. Also, nichts wie los!

Ob Mutigsein abfärbt?

Meike saß schon auf ihrem Platz,
als Jona ankam. Sie flüsterte:
„Du bist spät dran.
Hast du deine Aufkleber dabei?"
5 Jona murmelte: „Mist, hab ich vergessen."
Frau Weidlich betrat das Klassenzimmer.
Sie ermahnte Jona und Meike:
„Tratschen könnt ihr in der Pause wieder."

Das traust
du dich nie,
Jona!

Jemand flüsterte: „Die Weidlich ist wie
eine Ziege. Immer muss sie rummeckern."
Natürlich war das Leo, Marco oder Berkan. Sie saßen hinter Jona und Meike.
5 Und sie waren eine Bande: die „Totenköpfe".
Vor nichts und niemandem hatten sie Angst,
auch nicht vor Frau Weidlich.

Jona fand alles an ihnen toll,
besonders ihren Mut. Und dann
10 war da noch ihr Erkennungszeichen:
Sie hatten leuchtende Bänder durch
die Speichen ihrer Fahrräder gefädelt.
Jona fand auch toll, dass die drei
so gut Fußball spielen konnten.
15 Leider ließen sie ihn nicht mitspielen.
Aber er hatte ja Meike.

Frau Weidlich erklärte: „Heute wollen
wir über Freundschaft sprechen."
Sie hängte ein Foto an die Tafel.
Darauf waren zwei Kinder zu sehen.
5 Frau Weidlich fragte: „Wie ist das
bei euch? Wer ist euer Freund?"
Meike zwinkerte Jona zu und grinste.

Berkan flüsterte: „Guckt mal,
die beiden sind verliebt."
Da drehte sich Meike um.
Sie streckte ihm die Zunge heraus.
5 „Das hätte ich mich nie getraut!",
dachte Jona. Außerdem war das ja
nur Spaß von Berkan. Die drei machten
über alles Witze.

Eigentlich würde Jona auch gerne
10 zu den Totenköpfen gehören.
Aber dazu müsste er mutiger sein.
Jona hielt sich darum gerne in der Nähe
der Totenköpfe auf. Vielleicht färbte
der Mut von Berkan, Marco und Leo
15 ja ein bisschen ab.

Frau Weidlich teilte ein Arbeitsblatt
aus. Sie erklärte: „Es geht um einen
Jungen, der sich einen Freund mit
außergewöhnlichen Kräften wünscht."
5 „Superman!", brüllte Leo.
Alle lachten. Jona blickte sich um.
Leo sah ihn an. Dann tuschelte er
mit Berkan. Schnell drehte sich Jona
wieder um.

Das traust 13
du dich nie,
Jona!

Endlich richtig cool sein!

Dann war Mathe. Meike flüsterte:
„Ich hab mit Lilli Urwaldaufkleber
getauscht. Jetzt hab ich das Krokodil.
Das ist voll selten."

5 Jona sagte nichts. Meike flüsterte weiter:
„Auf das Kicken heute Nachmittag freu
ich mich schon."

Dann lächelte sie: „Du musst nicht
sauer sein, weil Berkan das mit dem
10 Verliebtsein gesagt hat. Mit denen
will ich echt nichts zu tun haben. Gut,
dass du keine so dummen Sprüche reißt."
Jona freute sich. Meike mochte ihn so,
wie er war.

Dann gongte es. Meike lief schon
in den Pausenhof. Jona wollte
ihr nachlaufen. Aber da gingen
die Totenköpfe an seinem Tisch vorbei.
5 Leo ließ einen Zettel auf die Tischplatte
fallen. Und schon verschwanden die drei,
als ob nichts gewesen wäre.

Jona sah ihnen verblüfft nach.

Er nahm den Zettel und las:

> Wollen dich in unsere Bande aufnehmen.
> Du musst aber erst beweisen, dass du dich
> 5 etwas traust! Wir haben uns Mutproben
> überlegt. Treffen uns um vier Uhr hinter
> dem Getränkemarkt.
> Dort hat Leos Opa ein Gartenhaus.
> Sei pünktlich.
> 10 Die Totenköpfe

Jona überlegte. „Vielleicht brauchen die einen guten Torwart? Bestimmt wollen die testen, ob ich auch harte Schüsse abfangen kann."

Dann strahlte Jona: „Na klar! Die drei
wollen mich in der Bande haben!"
Dann war die Pause aus.
Lilli kam als Erste ins Klassenzimmer.
5 Dann kam Meike mit den anderen herein.
Sie ging auf Jona zu.
„Wo warst du denn?", wollte sie wissen.
Jona wollte nichts von dem Zettel
erzählen. „Ich konnte mein Pausenbrot
10 nicht finden", stammelte er als Ausrede.
Er wollte Meike eigentlich nicht anlügen.
Aber jetzt war es zu spät.

Bevor Jona etwas anderes sagen
konnte, kam Leo ins Klassenzimmer.
Er ging auf Lilli zu und griff nach
ihrer Halskette. Lilli schrie laut: „Hör auf!
5 Die Kette ist von meiner Oma."
Sofort mischte Meike sich ein:
„Lass Lilli in Ruhe, du Blödmann."
Leo grinste nur: „War doch bloß Spaß.
Reg dich ab!"

In dem Augenblick schob Berkan
sich an Jona vorbei.
Er zischte: „Hey, vergiss nicht:
Mutproben sind Geheimsache!
5 Wir sehen uns nach der Schule."
Jona schwieg, als Meike an ihren Platz
kam. Und Berkan verdrückte sich.

„Sehen wir uns denn heute Nachmittag?",
wollte Meike wissen.
10 Jona dachte: „Das geht nicht!
Da ist ja das Geheimtreffen."
Dann fiel ihm eine Ausrede ein:
„Ich muss heute zum Zahnarzt.
Hatte ich ganz vergessen."
15 Meike sah ihn zweifelnd an und
schwieg.

Geheimtreffen am Nachmittag

Mama war schon da, als Jona und
Paul aus der Schule kamen.
Sie hatte Milchreis gekocht.
Das war Jonas Lieblingsessen.
5 Aber heute konnte er sich nicht
darüber freuen. Jona grübelte:
Ob er Mama von dem Treffen
mit den Totenköpfen erzählen sollte?
Und davon, dass er Meike
10 angeschwindelt hatte?

Mama sah Jona prüfend an.
Sie fragte nach: „Mit dir stimmt doch
was nicht. Hattest du Krach mit Meike?"

Erst schüttelte Jona den Kopf.

Aber dann zuckte er mit den Schultern.

Mama schlug vor: „Heute Nachmittag

siehst du Meike ja. Dann kannst du

5 mit ihr über euren Ärger sprechen."

Das stimmte natürlich nicht.

Aber Jona nickte trotzdem.

Mama dachte, er wollte heute zu Meike.

Dann konnte er später ohne weitere

10 Ausrede verschwinden.

Das traust 21
du dich nie,
Jona!

Erleichtert atmete Jona auf.
Aber Appetit hatte er trotzdem keinen.
Jona schob seinen Teller weg.
Mama meckerte kein bisschen.
5 Nicht mal, als Jona aufstand
und in seinem Zimmer verschwand.

In seinem Zimmer hockte sich
Jona auf den Boden. Er murmelte:
„Was die wohl von mir wollen?
10 Und wenn die Mutproben
gar nichts mit Fußball zu tun haben?
Hoffentlich nichts Verbotenes."
Plötzlich steckte Paul seinen Kopf
durch die Tür.

Paul fragte spöttisch: „Was ist verboten?"
Jona brummte: „Geht dich gar nichts an."
Er schob Paul aus seinem Zimmer
und schloss die Tür.
5 „Hey, Blödmann!", beschwerte sich Paul.
Aber das war Jona egal. Er brauchte
seine Ruhe zum Nachdenken.

Jona überlegte weiter. „Ich mache mit.
Egal was Berkan, Marco und Leo von
mir wollen. Ich werde ihnen schon zeigen,
dass ich kein Feigling bin."
5 Er warf einen Blick auf seine Armbanduhr.
„Eigentlich muss ich erst in 15 Minuten
los", dachte er.

Aber Jona konnte nicht länger warten.
Er lief in den Flur und rief: „Ich geh dann."
10 Mama verabschiedete sich von ihm.
Sie wünschte ihm viel Spaß bei Meike.
Dann ging Jona los.

Die Toilette des Grauens

Jona war schrecklich aufgeregt.
Er ging am Getränkemarkt vorbei
und bog in den Holunderweg ein.
Da war die Gartensiedlung.
5 An einem Zaun lehnten drei Räder.
Sie hatten Leuchtbänder
in den Speichen. Jona nickte.
Die Räder gehörten den Totenköpfen.

Das traust
du dich nie,
Jona!

Mit zitternden Knien kam Jona näher.
Marco wartete schon. Er winkte:
„Komm rein. Aber pass auf,
dass dich niemand sieht."
5 Marco zog Jona ins Haus.
Drinnen war ein großer Raum.
Dort stand ein langer Holztisch.
Berkan und Leo saßen am Tisch.
Sie grinsten.

10 Jona wurde ganz komisch.
Nach Fußball sah das hier nicht aus.
„Ob ich doch lieber wieder gehe?",
überlegte Jona.
„Setz dich", forderte Leo ihn auf.
15 Es war zu spät, um zu verschwinden.
Jona wollte jetzt beweisen, dass er
kein Feigling war! Also ließ er sich
auf einen Stuhl plumpsen.

Marco lachte: „Sicher bist du schon neugierig, was wir uns ausgedacht haben."
Jona nickte zögernd.
Leo erklärte: „Für die erste Mutprobe
5 werden wir dir die Augen verbinden."
Er zog ein grünes Tuch aus seiner Hosentasche.
Das band er Jona vor das Gesicht.

Jona konnte nichts mehr sehen.
10 Ihm war mulmig zumute.
Darum rief er: „Halt!"
Jona riss sich das Tuch von den Augen.
Leo lachte ihn aus.
Jona fragte leise: „Kann ich erst noch
15 aufs Klo?"

Berkan prustete: „Na, bevor du dir
vor Angst in die Hose pinkelst."
Leo grinste: „Draußen auf dem Flur
ist das Klo. Aber beeil dich."
5 Jona stand auf und flitzte los.
Zitternd riss er die Toilettentür auf
und stürzte in den Raum.

Plötzlich schrie Jona auf: „Ahhh!"
Zwei Augen starrten ihn an.
10 Sie gehörten zu einem riesigen Kopf.
Er hatte ein Fell und Hörner.
Jona sprang erschrocken zurück.
Er lehnte sich gegen die Tür des Klos.
Der Kopf hing an der Wand
15 und bewegte sich nicht.

Jona hörte, wie Leo vor der Tür rief:
„Ich hab dir wohl nicht erzählt,
dass mein Opa Jäger ist?"
Das war also gar kein Monster,
5 sondern ein ausgestopfter Hirschkopf
mit Geweih!

Jona beruhigte sich langsam wieder.
Pinkeln würde er hier aber auf keinen
Fall. Leos Opa hatte wirklich einen
10 komischen Geschmack – ein Hirsch
auf dem Klo! Und davor hatte Jona
Angst gehabt. Ihm war das jetzt
schrecklich peinlich.

Jona ging zurück zu den Totenköpfen.
Die grinsten ihn an. Jona setzte sich.
Berkan fragte: „Können wir jetzt endlich
loslegen?"
5 Dann legte er ihm das Tuch
wieder um die Augen und band es
mit einem Knoten fest.

Die erste
echte Mutprobe

Jona konnte nichts sehen.

Er hörte, dass etwas klapperte.

Berkan sagte: „Wir haben dir etwas
Leckeres mitgebracht. Du weiß ja,

5 dass meine Mutter in einer Metzgerei
arbeitet."

Leo lachte: „Wir haben uns von ihr ganz
besondere Dinge besorgen lassen."

Besorgt fragte Jona:

10 „Muss ich etwas essen?"

Marco mischte sich ein: „Nein.

Nur anfassen. Vor dir stehen zwei
Teller. Auf dem einen liegt die Zunge
von einer Kuh. Auf dem anderen

15 ist ein Hühnerbein."

Jona bekam einen Schreck.

Langsam schüttelte er den Kopf.

Sofort rief Berkan: „Dachte ich mir gleich,

dass der sich das nicht traut."

Jemand griff nach Jonas Hand

5 und zog sie nach vorne. Jona schluckte.

Er merkte, wie ihm übel wurde.

Jona hielt seine Hand zurück.

Aber Marco zog immer stärker daran.

Leo sagte: „Du bist doch ein Feigling!"

10 Da machte es in Jonas Kopf „klack".

Nein! Er war kein Feigling.

Jona ließ seine Hand locker.

Sie landete auf etwas Feuchtem.

Die Kuhzunge – igitt!

Marco fragte: „Und, wie findest du
die Zunge so? Wie fühlt sie sich an?"
Vorsichtig strich Jona mit den Fingern
darüber. Mühsam antwortete er:
5 „Rau. Und ein bisschen schwabbelig."
Berkan bekam einen Lachanfall.

Auch Leo lachte: „Schaut mal!
Er ist schon ganz weiß im Gesicht.
Bestimmt kotzt er gleich."
10 Jona fühlte sich hundeelend.
Dann fragte Berkan: „Bist du bereit
für die nächste Spezialität?"
Jona nickte tapfer.

Jetzt erklärte Berkan: „Das Nächste
ist gar nicht schwabbelig."
Jona wusste natürlich, was jetzt kam.
Seine Hand wurde auf etwas Hartes
5 gedrückt.
„Das ist ein abgehacktes Hühnerbein.
Fühl mal", forderte Leo.
Jona bekam Gänsehaut.

Aber er wollte es schnell hinter sich
10 bringen. Jona tippte dreimal auf das Bein.
Dann sagte er: „Reicht das?"
Leo lachte: „Hey, habt ihr das gehört?
Ja, es reicht."
Jona zog seine Hand zurück und fragte:
15 „Könnt ihr mir jetzt endlich das Tuch
abnehmen?"

Berkan nahm Jona das Tuch ab.

Vorsichtig blinzelte Jona. Er wollte sehen,

wie das aussah, was auf den Tellern lag.

Das waren gar keine Tierteile!

5 Jona sah genauer hin.

Auf einem der Teller lag ein

Gummihandschuh.

Auf dem anderen lag ein Strumpf.

Er war mit irgendetwas gefüllt.

Berkan brüllte lachend: „Ha, ha, ha.
Guckt euch das Gesicht an!"
Leo grinste: „Wir haben eine Strumpfhose
mit nassem Sand gefüllt. Und im
5 Gummihandschuh stecken kleine Äste."

Jona war erleichtert.
„Das war also nur ein Scherz!", dachte er.
Berkan klopfte Jona auf die Schulter.
Er lobte ihn: „War echt cool von dir,
10 alles anzufassen."
Jetzt musste Jona grinsen:
„War gar nicht so schlimm."
Und dabei fühlte sich Jona richtig mutig!

Jetzt wird's ernst!

Jona strahlte.

„Jetzt gehör ich zu den Totenköpfen!"

Aber Marco meinte:

„So schnell geht das nicht."

5 Jona entgegnete ärgerlich: „Ich hab
die Mutproben doch bestanden."

Berkan flüsterte: „Das war doch für
Kindergartenkinder. Die richtige
Mutprobe kommt erst noch."

Das traust
du dich nie,
Jona!

Er rempelte Marco an: „Sieh nach,
ob es schon spät genug ist."
Marco sah auf seine Uhr.
Dann antwortete er: „Perfekt.
5 Es ist genau zehn vor fünf."

Berkan nickte zufrieden.
Er sah Jona ernst an.
„Du musst jetzt zeigen, dass du wirklich
zu uns passt. Bist du bereit?"
10 Jona zögerte.
Leo erklärte: „Du musst richtig cool sein.
Darum bekommst du noch eine Aufgabe.
Es geht um Lilli."
Jona verstand kein Wort.

Leo sprach weiter: „Lilli hat doch so
eine olle Kette. Dieses hässliche Ding.
Erinnerst du dich?"
Jona nickte. Lillis Kette hatte er gesehen.
5 Und er hatte gesehen, dass Leo
ihr die Kette heute wegnehmen wollte.
Marco tat jetzt so, als wäre er
eine feine Dame mit einer tollen Kette.
Berkan lachte.

Das traust
du dich nie,
Jona!

Leo sagte ernst: „Lilli geht immer
um fünf zum Getränkemarkt.
Jeden Tag unter der Woche.
Sie kauft dort Limonade für ihre Mutter."
5 Jona staunte: „Woher wisst ihr das?"
Stolz grinste Berkan: „Wir haben sie
die letzten Tage beobachtet."

„Das ist deine richtige Mutprobe:
Bring uns Lillis Kette!", sagte Leo.
10 Jona wurde ärgerlich. Er rief:
„Ich soll eine Halskette klauen?
Sagt mal, spinnt ihr?"
Leo stellte sich ganz nahe vor Jona.
Und dabei sah er ihm fest in die Augen.

Leo sah ziemlich bedrohlich aus.
Er flüsterte Jona zu: „Bloß wegen
den paar einfachen Babyspielchen
gehörst du leider noch nicht zu uns."
5 Er trat einen Schritt zurück.
„Die Kette von Lilli ist echt albern.
Was macht das schon, wenn du sie
ihr abnimmst und sie zu uns bringst?"

Jetzt oder nie!

Jona überlegte.
Lilli hatte ihm nichts getan.
Und die Kette war ihr wichtig.
Leo ermunterte Jona: „Du bist doch
5 jetzt schon so weit gekommen.
Schade, wenn du jetzt wegen
dieser Kleinigkeit nicht in unsere Bande
aufgenommen wirst."

Trotzdem zögerte Jona: „Lillis Halskette
10 ist vielleicht ein Andenken oder so.
Ich weiß nicht. Ich kann das echt nicht
machen."
Vorsichtig hob Jona den Kopf.
Er sah Berkan, Leo und Marco
15 nacheinander an.

Da hob Leo seine Faust.

Er hielt sie Jona direkt unter die Nase.

„Vielleicht müssen wir dir dann leider

zeigen, was man damit machen kann.

5 Ein blaues Auge steht dir bestimmt gut.

Dann wissen alle, was für ein Feigling

du bist!"

Jona erschrak.

Jona machte sich auf den Weg
zum Getränkemarkt. Am Ende des
Holunderwegs konnte er den Eingang
des Ladens sehen.
5 Jona duckte sich hinter die Hecke.
Da! Lilli kam um die Ecke gebogen.

Jona richtete sich auf.
„Jetzt oder nie!", dachte er.
Mit schnellen Schritten ging er auf Lilli zu.
10 Sie war erstaunt, ihn zu sehen.
Jona trat neben sie, ohne etwas zu sagen.
Lillis Halskette baumelte über ihrem T-Shirt.
Blitzschnell griff er zu und zog.
Die Kette riss und Jona hielt sie
15 in der Hand.

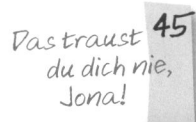

Lilli starrte Jona mit der Kette entsetzt an.
Jona sah, wie sich Lillis Augen mit Tränen
füllten. Aber das wollte er gar nicht sehen.
Jona drehte sich um und rannte los.

5 Er hatte die Mutprobe bestanden!

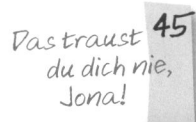
Das traust **45**
du dich nie,
Jona!

„Sag mal, spinnst du?"

In Jonas Kopf wirbelten die Gedanken
wild durcheinander.
Da hörte er eine Stimme.
Jemand schrie ihm nach: „Hey, sag mal,
5 spinnst du?"
Jona blieb erschrocken stehen.
Er drehte sich zögernd um.
Hinter ihm stand Meike.

Meike deutete mit dem Finger auf Jona.
10 „Ich habe gesehen,
was du eben getan hast."
Sie brüllte wütend: „Hast du einen
kompletten Dachschaden?"
Langsam schüttelte Jona den Kopf.
15 „Was jetzt?", grübelte er fieberhaft.

Jona musste sich schnell entscheiden.

Er ließ Meike ohne eine Antwort stehen
und rannte los.

Sie schrie ihm nach:

„Du bist echt ein Blödmann.

Gib Lilli sofort ihre Kette zurück!"

Jona rannte trotzdem weiter.

In seiner Hand spürte er Lillis Kette.

Jona rannte und rannte, bis er vor
dem Gartenhaus von Leos Opa stand.
Er blieb stehen und betrachtete
Lillis Kette in seiner Hand.
5 Sie hatte einen großen Anhänger.
Den konnte man aufklappen.
Der Verschluss war noch ganz.
Aber zwei Kettenglieder waren aufgebogen.

Die Tür des Häuschens knarrte leise.
10 Leo hatte sie aufgemacht.
Er rief: „Mach schon!"
Dabei winkte er Jona ins Haus.
Drinnen warteten alle auf ihn.
Berkan sah die Kette sofort und staunte:
15 „Er hat's echt gemacht."

Leo fragte Berkan und Marco:
„Was meint ihr, Jungs?
Sollen wir ihn jetzt vielleicht echt
bei den Totenköpfen aufnehmen?"

5 „Das war doch gar nicht geplant",
rutschte es Marco heraus.
Jetzt begriff Jona.
Die wollten ihn eigentlich gar nicht
in der Bande haben!

Das traust
du dich nie,
Jona!

Leo versuchte, Jona zu beruhigen:
„Du bist total mutig."
Aber Jona fühlte sich gar nicht mutig.
Er war schrecklich gemein zu
5 Lilli gewesen. Sie hatte sogar geweint.
Wegen ihm. Und er hatte Meike
angelogen. Er hatte seine beste
Freundin einfach stehen lassen!

Jetzt war es Jona klar: Marco, Berkan
10 und Leo hatten ihn nur reinlegen wollen.
Und er wollte so gerne dazugehören.
Jetzt kam Jona sich richtig dumm vor.
Er krächzte: „Klauen ist nicht mutig.
Nur gemein."
15 Doch Berkan sagte einfach: „Ach was.
Los, jetzt zeig mal das olle Ding."

Jona entscheidet sich

Marco warf einen Blick auf die Kette.
„Schaut mal, der Anhänger ist zum
Aufklappen. Was da wohl drin ist?"
Er wollte gerade nach Lillis Kette
5 greifen.
Aber Jona hielt sie fest.
Plötzlich war es ihm egal,
was die Totenköpfe dachten.
Und zu ihrer Bande wollte er auch
10 nicht mehr gehören.

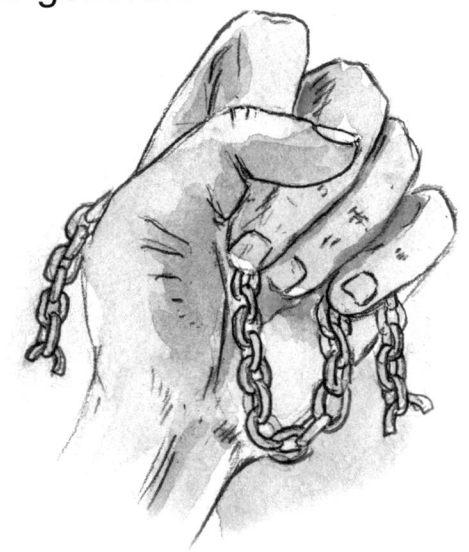

Mit fester Stimme sagte Jona:
„Wenn man für euch nur dann mutig ist,
wenn man dabei gemein zu anderen ist,
dann will ich gar nicht mutig sein."
5 Leo war verblüfft.
Dann hob er seine Faust: „Tja,
dann müssen wir leider das tun,
was wir dir vorhin schon erklärt haben,
du Feigling."

10 Aber diesmal ließ Jona sich nicht
einschüchtern. Er schrie:
„Ihr seid doch diejenigen, die feige sind.
Alles, was ihr könnt,
ist hinter dem Rücken von anderen
15 Witze zu machen!"
Und dann rannte Jona los.

Jona rannte und rannte. Erst hatten
Marco, Leo und Berkan ihn verfolgt.
Aber Jona hatte sie längst abgehängt.
Jetzt blieb er völlig außer Atem stehen.
5 Jona grübelte. Dann beschloss er:
„Ich muss zurück zum Getränkemarkt."

Jona bog um die Ecke.
Dort vorne war der Laden.
Jona sah Lilli und Meike sofort.
10 Lilli weinte. Meike tröstete Lilli.
Sie hatten ihn noch nicht bemerkt.

Jona spitzte die Ohren.

Er konnte hören, wie Lilli schluchzte:

„In dem Anhänger ist ein Foto

von meiner Oma.

5 Die ist vor zwei Wochen gestorben.

Und ich hab ihre goldene Kette bekommen.

Damit ich immer an sie denke.

Aber jetzt hat Jona die Kette kaputt

gemacht und sie mir weggenommen."

10 Plötzlich schämte sich Jona ganz

schrecklich.

„Ich muss etwas tun", war er sich jetzt

ganz sicher. Langsam ging er auf die

Mädchen zu. Seine Schritte machten

15 schlurfende Geräusche. Jetzt hatten

Lilli und Meike ihn entdeckt.

Er blieb stehen.

„Diesmal werde ich nicht weglaufen",

beschloss er.

20 Diese Mutprobe war wirklich schwer.

GetränkeMarkt

Das traust 55
du dich nie,
Jona!

Richtig mutig sein

Jona sah, dass Lilli ganz rote Augen hatte.
Und eine rote Nase vom Weinen
und Schniefen.
Meikes Augen funkelten wütend.
5 Nervös knetete Jona die Kette
in seiner Hand. Dann nahm er
all seinen Mut zusammen.
Er streckte Lilli die Kette hin.

Mit kiecksiger Stimme sagte er:
10 „Ich möchte sie dir zurückgeben.
Es tut mir leid, dass ich dir
die Kette geklaut habe."
Lilli sagte nichts. Aber wenigstens
weinte sie jetzt nicht mehr.

Dafür riss Meike Jona die Kette
aus der Hand.
Meike fauchte: „So, so. Leid tut dir das.
Und warum hast du es dann überhaupt
5 getan?"
Sie sah die Kette genauer an.
„Hier, die ist gerissen."
Das wusste Jona natürlich auch.
Mit matter Stimme schlug er vor:
10 „Ich könnte versuchen,
die Kette zu reparieren."
Meike schrie: „Du brauchst gar nichts
zu reparieren. Und jetzt hau ab."
Jonas Knie wurden weich.

Lilli murmelte: „Du bist der blödeste
Blödmann, den ich kenne."
Bei so einer Bemerkung ging Jonas
Kopf-Rollladen sonst nach unten.
5 Aber diesmal nicht.
Er wollte den beiden alles erklären.

Jonas Stimme klang dünn, als er sagte:
„Das war alles nur, weil ich
kein Feigling sein wollte."
10 Meike meinte ärgerlich:
„Ach, und Halsketten zu klauen
ist wohl ziemlich mutig?"
Jona schüttelte den Kopf.
„Und jetzt weißt du es plötzlich?",
15 fragte Meike.

Lilli nahm die Kette und klappte
den Anhänger auf. Sie schaute sich
das Foto ihrer Oma an.
„Darf ich auch sehen?", fragte Meike.
5 Lilli nickte. Gemeinsam betrachteten
sie das Bild. Da fing Jona endlich
richtig zu reden an.

Er erzählte alles. Von Anfang an.

Vom Klettern mit Papa und Paul,

bei dem er sich nicht mitzumachen traute.

Und von dem Zettel der Totenköpfe.

5 Von den ekligen Mutproben

mit der Kuhzunge und dem Hühnerbein.

Und von der Aufgabe,

Lillis Kette zu klauen.

Am Ende meinte Jona: „Ihr habt Recht.

10 Ich bin wohl echt ein Blödmann."

Dann drehte er sich um.

Er wollte jetzt nur noch nach Hause.

Doch da hielt Meike ihn zurück.

Sie flüsterte: „He, bleib doch hier."

15 Lilli und Meike sahen gar nicht mehr

wütend aus.

Lilli fragte freundlich: „Kannst du
die Kette wirklich reparieren?"
„Ich kann's ja mal versuchen",
antwortete Jona.
5 Er griff nach der Kette. Auf dem Boden
fand Jona einen flachen Kieselstein.
Damit drückte er die Kettenglieder vorsichtig zusammen.

Da hörte er Meike leise sagen:
10 „Ich finde, dass du eigentlich
ziemlich mutig bist."
Lilli nickte. „Stimmt. Ich meine,
da gehört echt was dazu,
sich gegen die Totenköpfe zu wehren."
15 Jona grinste. Er fühlte sich ganz leicht.
„Jetzt bin ich wirklich kein Feigling
mehr!", dachte er stolz.

Jona gab Lilli die reparierte Kette wieder.
Lilli sagte: „Wenn die Totenköpfe morgen
eine blöde Bemerkung machen,
erzähle ich allen, was passiert ist."

5 Jona sah Meike an. Vorsichtig fragte er:
„Kann ich noch mit zu dir kommen?
Du wolltest doch eigentlich mit mir
Fußballspielen, oder?"
Meike nickte. Die beiden Freunde
10 winkten Lilli zu und machten sich
auf den Weg.

Das traust 62
du dich nie,
Jona!

Heute bestimmt Jona!

Am übernächsten Samstag
war wieder Papa-Wochenende.
Papa begrüßte Jona und Paul:
„Packt die Badesachen ein.
5 Wir fahren zum See am Buchenwald."
Paul fiel Papa jubelnd um den Hals.
Jona nicht. Er sagte stattdessen: „Nein.
Ich trau mich nicht, im See zu schwimmen."

Jona redete weiter: „Wie wäre es, wenn wir
10 heute zusammen ins Freibad gehen?
Da können wir auch schwimmen."
Paul protestierte.
Doch da mischte sich Papa ein:
„Heute machen wir mal,
15 was Jona sich aussucht."
Paul gab nach. Er sprang sowieso gerne
vom Startblock.

Jona überlegte: „Was ist,
wenn die Totenköpfe auch da sind?"
Aber Paul meinte: „Die reißen ihr Maul so
schnell nicht wieder auf.
5 Meike und Lilli haben doch allen erzählt,
wie gemein und feige die sind.
Und wenn die dir doch blöd kommen,
dann hast du ja mich."
„Los, ihr beiden", lachte Papa.
10 Schnell flitzte Jona los und holte
seine Badesachen.